Celina Löbbecke
by BRIGITTE BÜGE

PERFEKTE BASICS

CV

Vorwort

Hi, ich bin Celina! Ich nähe gern und zeige euch voller Stolz meine selbstentworfenen und selbstgenähten Kleidungsstücke!
Während meiner einjährigen Weiterbildung zur Schnittdirektrice kam mir zusammen mit meiner ehemaligen Ausbilderin, Chefin und mütterlichen Ratgeberin Brigitte Büge die Idee, ein etwas anderes Nähbuch zu entwickeln.
Handlich sollte es sein und nicht so groß wie die üblichen #diyfashion-Nähbücher.
Gezielt ein bestimmtes Mode-Thema im Blick, das junge Frauen oder generell Frauen wie mich, beschäftigt. Gekoppelt an einen eigenen Instagram-Account, auf dem ich euch auch nach Erscheinen des Buches weitere Infos rund um das Nähen der Outfits, das jeweilige Motto, sowie Styling-Tipps gebe.
Präsentiert als ganzes Paket, begeisterten wir den Christophorus Verlag mit unserem Vorschlag, sodass wir dazu gleich eine ganze Reihe mit verschiedenen Themen erarbeitet haben.
Immer mit ein und demselben Grundgedanken: Die Freude am Nähen, am Tragen der selbstgenähten Modelle und dazu auch noch zu wissen, wo es herkommt, ist einfach ein unglaublich schönes Gefühl. Das möchte ich gerne mit euch teilen!
Dies ist mein erstes Buch und ich hoffe ihr seid dabei, mich ein Stück durch mein kreatives Leben zu begleiten.
Los geht's unter dem Motto „Basics nähen"! Und nicht vergessen ... besucht mich auf Instragram unter „celinanaeht" – wir sehen uns dort, ich freue mich riesig!

Viel Freude beim Nachnähen,
eure Celina

Inhalt

6
Über mich

10
Luc

14
Kim

18
Sam

22
Tom

26
Carl

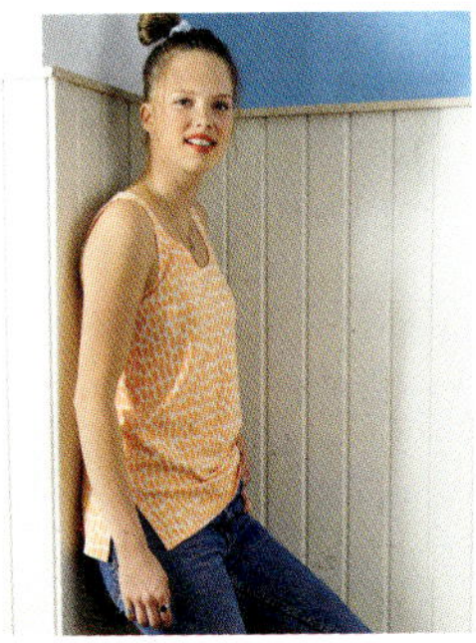

30
Piet

34
Tim

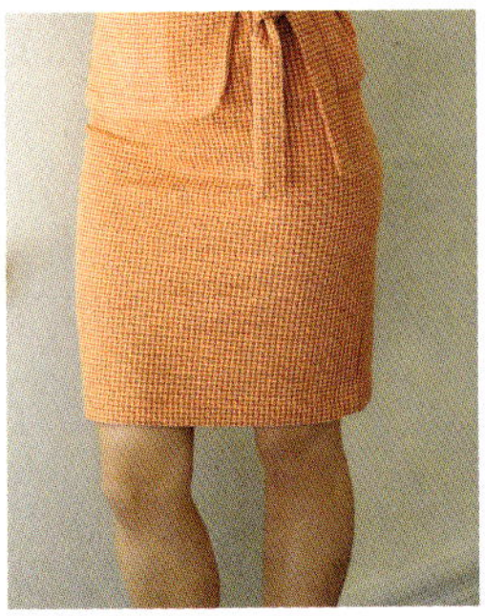

38
Ben

42
Per

46
Leo

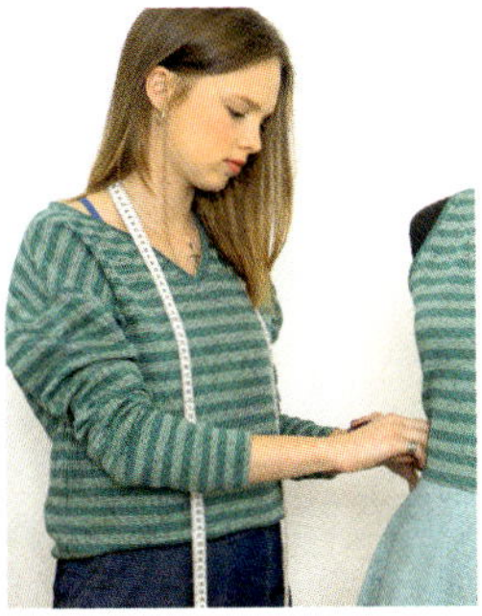

50
Jan

54
Fill

58
Finn

62
Impressum &
Hersteller

64
Zur Verarbeitung

Schwierigkeitsgrade:
✂ = einfach
✂✂ = mittel
✂✂✂ = anspruchsvoll

Über mich

Ich bin in Hornburg/Tempelhof in Niedersachsen, das liegt in der Nähe von Braunschweig, aufgewachsen. Zu meinem 15. Geburtstag bekam ich meine Nähmaschine, der Beginn einer Leidenschaft! Nach meinem Abitur zog es mich in die Großstadt Hamburg und ich bewarb mich im Atelier der Modedesignerin Brigitte Büge, in dem ich dann ein zweimonatiges Praktikum absolvierte. Bestärkt in meinem Wunsch, diesen Beruf zu erlernen, entschied ich mich nach drei Jahren Ausbildungszeit und erfolgreichem Abschluss noch zu einer einjährigen Weiterbildung zur Schnittdirektrice. Die Möglichkeit, parallel zu meinem Studium weiterhin im Atelier Büge arbeiten zu können, ist einfach großartig.

Dort entstand dann auch die Vision von einer Buch-Serie in Kombination mit einem darauf abgestimmten Instagram-Account. Eine perfekte Voraussetzung um mit euch meine Freude an Mode und eigenen Outfits zu teilen.

Für mich spielt das Thema Nachhaltigkeit eine große Rolle, gerade auch im Kleiderschrank! Momentan beschäftige ich mich mit dem Konzept der „Capsule Wardrobe" – einer Basic-Garderobe, die voll und ganz zu mir passt, mit Modellen für tägliche Termine, sowohl beruflich, als auch casual.

Für jeden fällt diese Grundgarderobe natürlich anders aus, doch mir kamen sofort Ideen für tolle, trendige Schnitte in den Sinn. Schlicht, oder mal mit Details im Design, lässig und sportlich-elegant und idealerweise miteinander kombinierbar.

Darunter sind Kleidungsstücke, die im Alltag unterschiedliche Gewichtung haben – einige sind Dauerbrenner, andere hingegen werden nicht so häufig getragen- und dennoch: Ohne sie geht es nicht!

So brauche ich beispielsweise einen gutsitzenden Blazer für Bewerbungsgespräche oder Einladungen; Hosen und Shirts für den Alltag, die Freizeit und gemütliche Tage zuhause.
Für die Uni und den Job auch mal Bluse, Rock, Longsleeve oder Kleid.

Wie verbinde ich den Gedanken der Nachhaltigkeit und selbstgenähter Kleidungsstücke am Besten? Natürlich indem ich die richtige

Wahl bei der Stoffqualität treffe! Mir allzu gut bekannt, da oft im Atelier Büge verwendet: Materialien des Labels Maute & Renz mit dem Brand Albstoffe, ausschließlich in Deutschland hergestellt, aus biologisch zertifizierter Baumwolle. Bis auf Modell Tom und Sam habe ich durchweg die Stoffe des Textilunternehmens mit Sitz auf der Schwäbischen Alb vernäht. Die Hamburger Designerin Susanne Firmenich, bekannt unter dem Label „Hamburger Liebe", kreiert für Albstoffe farbenfrohe Muster.
Da die Stoffe vielerorts erhältlich sind, könnt ihr meine Modelle identisch, wie im Buch abgebildet, nachnähen!

Eine schöne win-win-Situation: trendige, selbstgenähte Outfits für euch, nachhaltig und fair für unsere Umwelt. Ein für mich sehr wichtiger Aspekt und eine Wertschätzung an das fertige Kleidungsstück.

MEINE VORSTELLUNG VON MODE

Slow Fashion statt Fast Fashion

gut miteinander kombinierbar

selbstgenähte Capsule Wardrobe

nachhaltig

weniger Reizüberflutung im Kleiderschrank

Freude am entstehenden Produkt

weniger ist mehr

bewusster konsumieren

stolz auf das fertige Kleidungsstück sein

zu wissen, wo es herkommt

DO IT YOURSELF CAPSULE WARDROBE

Es ist schlichtweg total easy, schöne Basics selber zu nähen. Die reduzierten Designs einiger Kleidungsstücke habe ich ganz bewusst so gewählt, weil ich es schön finde, Styles in verschiedenen Farben und Print-Varianten im Schrank zu haben. Stoffe mit Prints benötigen auch keine so komplizierte Schnittführung – so kann ein schlichtes Schnittmuster durch einen tollen Stoff eine aufregende Wirkung haben. Beispielsweise Top Piet (Seite 30), Shirt Tim (Seite 34) oder Sweater Jan (Seite 50), mit perfekt sitzenden Passformen, werde ich mir auch noch in anderen Farben oder Uni-Stoffen nähen.

Jetzt nehme ich euch mit zu mir nach Hause und lasse euch einen Blick in mein Nähzimmer werfen: Schritt für Schritt seht ihr, wie das Longsleeve Luc von Seite 10 entstanden ist.

Da ich (leider) keinen großen Zuschneidetisch habe, schneide ich auf dem Boden zu.

Hier sitze ich an meinem Lieblingsplatz und spule gerade das passende Garn auf.

Wenn ich Schulter- und Seitennähte geschlossen habe, probiere ich das Shirt erstmal an und prüfe die Passform.

Danach schließe ich die Ärmel und nähe sie ein.

Zuletzt probiere ich das Shirt nochmals an, schlage Shirt- und Ärmelsäume in der benötigten Länge um und steppe sie dann fest. Dann nähe ich noch die Blende an den Halsausschnitt ... und fertig ist mein Shirt!

Ich kombiniere es mit meiner selbstgenähten Jeans Tom. Eine Tasche und einen Gürtel dazu ... und ich bin ausgehfertig!

Ich liebe das anschmiegsame #Shirt als Unterzieher für weite Cardigans und trage es auch gerne zur cropped Jacke!
ALU LIGHT
SOLERO
PEGASUS

Luc

LANGARM-SHIRT

Größe **34–44** Schwierigkeit Schnittbogen **B**

Longsleeve Luc ist mein treuester Alltagsbegleiter, mit der Legitimation in mehreren Farben und Prints im Schrank Platz wegnehmen zu dürfen. Die körpernahe Passform, der schlichte Schnitt und der hochgeschlossene Halsausschnitt bieten enorme Vielfältigkeit beim Kombinieren.

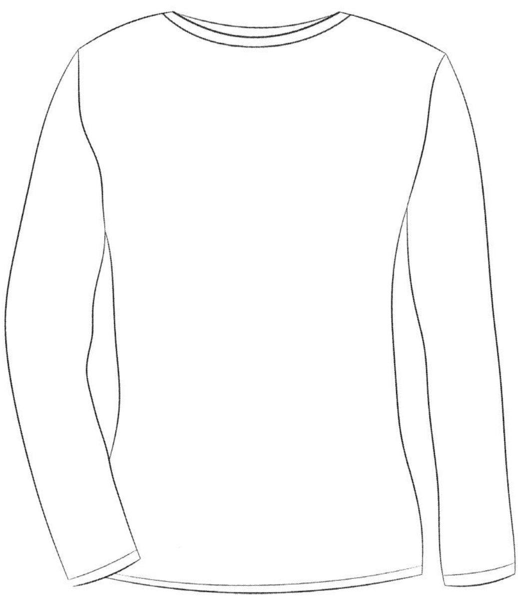

ZUSCHNEIDEPLAN

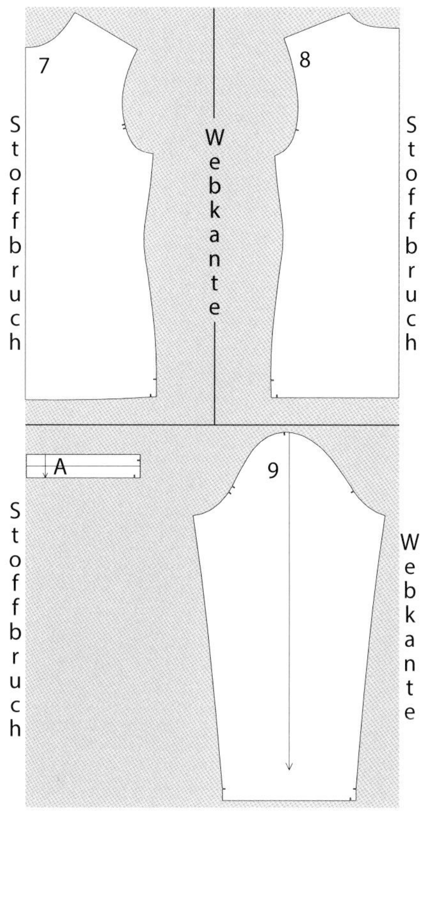

MATERIAL

- Baumwoll-Jacquard-Jersey (95% kbA Bio-Baumwolle, 5% Elasthan, 135 cm breit), für alle Größen 1,40 m
- Formband in Weiß, 1 cm breit, 1,00 m
- Farblich passendes Nähgarn

VORBEREITEN

Die Schnittteile der gewünschten Größe vom Bogen auf Papier kopieren und ausschneiden.

Schnittbogen B in Rot
Größe: **34** – – – – – –
Größe: **36** ···············
Größe: **38** × × × × × × × × × ×
Größe: **40** – – – – – – – – – –
Größe: **42** * * * * * * * * * *
Größe: **44** ————————

Schnittteile
- **7** Vorderteil
- **8** Rückenteil
- **9** Ärmel

A Halsausschnittblende: 4 cm kürzer als die Länge der Halsausschnittkante, 4 cm breit (inkl. 1 cm Nahtzugabe)

ZUSCHNEIDEN

Den Jersey für Vorder- und Rückenteil in den Doppelbruch legen. Für den Ärmel und die Halsausschnittblende den Jersey in den Bruch legen. Schnittteile laut Zuschneideplan positionieren. Als Nahtzugabe am Saum 3 cm, am Ärmelsaum 2 cm und an den restlichen Schnittkanten 1 cm zugeben.

SO WIRD'S GEMACHT

Wichtig! Beachte die Hinweise zum Nähen von elastischem Stoff auf der hinteren Klappe.

1 **Vorder- und Rückenteil:** Lege das Vorder- und das Rückenteil rechts auf rechts aufeinander, stecke und schließe die Schulter- und die Seitennähte. Versäubere die Nahtzugaben und bügle sie in das Rückenteil.

2 **Halsausschnittblende:** Lege die Blende an den kurzen Kanten rechts auf rechts, schließe die Naht und bügle die Nahtzugabe auseinander. Bügle danach die Blende links auf links in den Bruch, die Schnittkanten müssen deckungsgleich aufeinanderliegen. Lege die Blende an den Schnittkanten rechts auf rechts an die Schnittkante des Halsausschnittes, die Blendennaht liegt exakt auf einer Schulternaht. Stecke die Strecke fest und nähe im leicht gedehnten Zustand die Blende an die Halsausschnittkante. Versäubere die Nahtzugabe, bügle sie in das Oberteil und steppe von rechts die Nahtzugabe füßchenbreit fest.

3 **Ärmel:** Lege die Längsschnittkanten rechts auf rechts aufeinander und schließe die Ärmelnaht. Versäubere die Nahtzugaben und bügle sie nach hinten. Versäubere danach die Ärmelsaumkanten und bügle den Saum 2 cm nach links. Steppe von links an der äußeren versäuberten Kante die Säume fest.

4 **Ärmel einnähen:** Beim Einsetzen des Ärmels in das Armloch musst du immer darauf achten, dass der rechte Ärmel in das rechte Armloch und der linke Ärmel in das linke Armloch genäht wird! Die Ärmelnaht liegt rechts auf rechts genau auf der Seitennaht. Stecke und nähe Ärmel und Armloch zusammen. Versäubere danach die Nahtzugaben.

5 **Saum:** Versäubere die Saumschnittkante und bügle den Saum 3 cm nach links. Steppe den Saum von links an der äußeren versäuberten Kante fest.

Ein Hauch von Urlaub und südländischem Flair stellt sich ein, sobald ich Rock Kim als #Outfitoftheday wähle!

TIPP: Ich habe mir zusätzlich einen einfarbigen Gürtel, passend zum Oberteil, genäht!

Kim

LANGER ROCK

Größe **34–44** Schwierigkeit ✂✂ Schnittbogen **A**

Rock Kim ist der Hit in trendiger Maxi-Länge und herrlich auffälligem Blumenprint-Design. Die Form – mit Gummiband-Bund – wird zum Saum hin weiter und hat einen wunderbaren, leichten Schwung. Die feminine Silhouette unterstreicht der Bindegürtel.

ZUSCHNEIDEPLAN

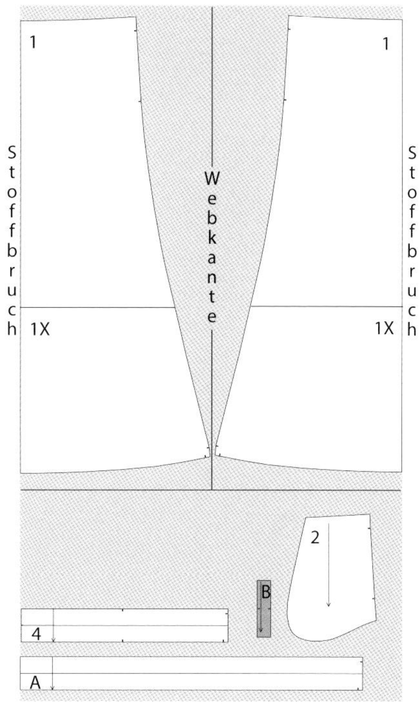

MATERIAL

- Baumwoll-Jersey bedruckt (95% kbA Bio-Baumwolle, 5% Elasthan, 165/170 cm breit), für alle Größen 1,50 m
- Baumwollschrägband, farblich passend, 40/20 mm breit, 0,45 m
- Gummiband, schwarz, 1,5 cm breit, 1,00 m
- Farblich passendes Nähgarn

VORBEREITEN

Die Schnittteile der gewünschten Größe vom Bogen auf Papier kopieren und ausschneiden. **Bitte beachten:** Vorder- und Hinterrock aus den Teilen 1 und 1x zusammensetzen.

Schnittbogen A in Schwarz

Größe: **34** ························
Größe: **36** × × × × × × × × × ×
Größe: **40** ○○○○○○○○○○○○
Größe: **38** – – – – – – – – –
Größe: **42** –·–·–·–·–·–·–
Größe: **44** ————————

Schnittteile

- **1+1x** Vorder- und Hinterrock (2x)
- **2** Taschenbeutel
- **4** Taillenbund

A Bindeband: 150 x 7 cm (inkl. 1 cm Nahtzugabe).
B Streifen für Gürtelschlaufen: 12 x 3 cm (inkl. Nahtzugabe).

ZUSCHNEIDEN

Den Jersey für Vorder- und Hinterrock in den Doppelbruch legen. Für den Taschenbeutel, den Taillenbund, das Bindeband und die Gürtelschlaufen den Jersey in den Bruch legen. Schnittteile laut Zuschneideplan positionieren. Das grau gezeichnete Teil nur in einfacher Stofflage zuschneiden. Als Nahtzugabe am Saum 2 cm und an den restlichen Schnittkanten 1 cm zugeben. Beim Zuschnitt darauf achten, dass in einer Muster-Richtung zugeschnitten wird.

SO WIRD'S GEMACHT

Wichtig! Beachte die Hinweise zum Nähen von elastischem Stoff auf der hinteren Klappe.

1 **Seitennahttaschen arbeiten:** Schneide das Baumwollschrägband in zwei Teile. Lege ein Schrägband mit einer aufgefalteten Kante rechts auf rechts auf die Markierung für den Tascheneingriff im Vorderrock. Das Schrägband schließt mit der Taillenkante ab. Nähe die Naht und lass die Nahtzugabe überstehen. Schneide danach am Anfang und Ende der Naht die Nahtzugaben quer zur Naht ein. Bügle die Nahtzugabe auseinander, schlage das Schrägband nach links und bügle die Naht in den Nahtbruch. Schlage die Nahtzugaben vom Schrägband nach links ein und steppe das Schrägband knappkantig auf den Vorderrock. Versäubere die Taschenbeutelrundung, lege den Taschenbeutel rechts auf links unter den Tascheneingriff und stecke ihn auf dem Vorderrock fest. Steppe von links knapp und fußbreit ab der versäuberten Kante den Taschenbeutel auf.

2 **Rock zusammennähen:** Lege Vorder- und Hinterrock rechts auf rechts aufeinander und schließe die Seitennähte. Versäubere die Nahtzugaben und bügle sie in den Hinterrock.

3 **Saum:** Versäubere die Saumschnittkante und bügle sie 2 cm breit nach links. Stecke den Saum fest und nähe ihn an der äußeren versäuberten Kante auf den Rock.

4 **Taillenbund mit Gummizug:** Lege den Taillenbund an den kurzen Kanten rechts auf rechts und schließe die Naht. Bügle die Nahtzugabe auseinander. Lege den Bund an den langen Kanten links auf links aufeinander und bügle den Bruch ein. Schneide das Gummiband auf deine Taillenweite plus 2 cm Nahtzugabe. Lege die Gummibandenden 2 cm übereinander und steppe sie zusammen. Lege das Gummiband zwischen die Lagen in den Bund

bis an den Bruch, stecke und steppe die Schnittkanten zusammen.

5 Taillenbund annähen: Lege die Schnittkanten des Bundes rechts auf rechts auf die Taillenschnittkante und stecke die Strecke. Nähe in gedehntem Zustand Bund und Rock zusammen. Versäubere die Nahtzugabe.

6 Gürtelschlaufen: Versäubere die langen Schnittkanten des Streifens. Bügle eine versäuberte Schnittkante bei 0,7 cm nach links und dann die andere versäuberte Schnittkante ebenfalls bei 0,7 cm nach links auf die eingebügelte Nahtzugabe. Steppe mittig von links die Nahtzugaben aufeinander. Halbiere den Streifen und nähe die Schlaufen in Höhe der Seitennähte mit eingeschlagenen Schnittkanten auf den Bund.

7 Bindeband nähen: Bügle die kurzen Kanten 1 cm nach links. Lege das Band an den Längsschnittkanten rechts auf rechts deckungsgleich aufeinander, stecke die Kanten und nähe die Naht in gedehntem Zustand. Achte darauf, dass die Enden exakt aufeinanderliegen. Dämpfe das Band auf die ursprüngliche Länge ein und wende es mit Hilfe einer Sicherheitsnadel auf rechts. Bügle das Band in den Nahtbruch und nähe die Öffnungen von Hand mit kleinen Stichen zu.

Fühle mich so wohl in dieser Bluse und kombiniere sie zu allem ... eins meiner #dailypieces!

Sam

HEMDBLUSE

Größe **34–44** Schwierigkeit ✂✂✂ Schnittbogen **A**

Bluse Sam in Weiß ist ein echter Klassiker – mein Essential unter den Basics. Sam hat eine schmeichelnde Schnittführung, ist leicht figurumspielend und hat Brustabnäher für eine optimale Passform. Bestens geeignet für offizielle Anlässe und vielseitig zu stylen für den Alltag.

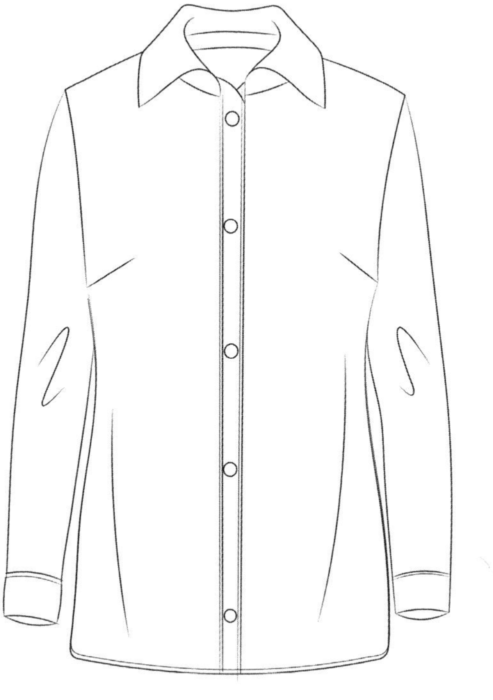

ZUSCHNEIDEPLAN

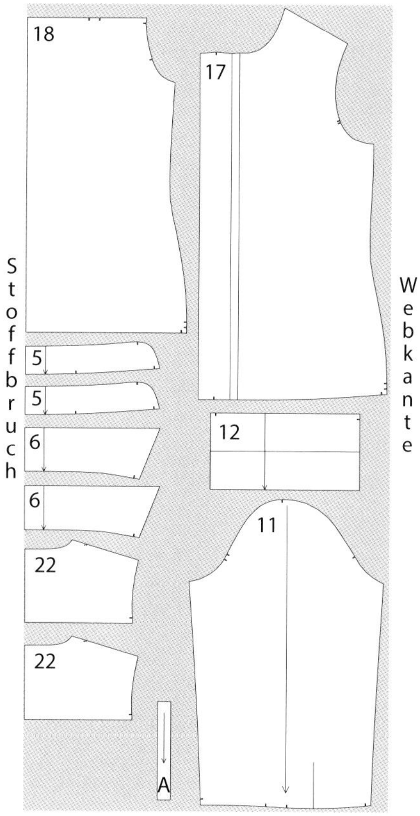

MATERIAL

- Baumwoll-Stoff (100% Baumwolle, 140 cm breit), 1,50 – 1,50 – 1,50 – 1,50 – 1,60 – 1,60 m
- dünne Gewebeeinlage, weiß, 0,50 m
- kleine Knöpfe, 8 Stück
- Farblich passendes Nähgarn

VORBEREITEN

Die Schnittteile der gewünschten Größe vom Bogen auf Papier kopieren und ausschneiden.

Schnittbogen A in Grau

Größe: **34**
Größe: **36**
Größe: **38**
Größe: **40**
Größe: **42**
Größe: **44**

Schnittteile

- **17** Vorderteil
- **18** Rückenteil
- **22** hintere Passe (2x)
- **11** Ärmel
- **12** Manschette
- **5** Kragensteg (2x)
- **6** Kragen (2x)

A Einfassstreifen für Ärmelschlitz: 18 x 2,5 cm (inkl. 1 cm Nahtzugabe)

ZUSCHNEIDEN

Den Stoff in den Bruch legen. Schnittteile laut Zuschneideplan positionieren. Als Nahtzugabe am Saum 2 cm und an den restlichen Schnittkanten 1 cm zugeben.
Außerdem: Kragen (1x), Kragensteg (1x) und Manschette (2x) aus Gewebeeinlage zuschneiden.

SO WIRD'S GEMACHT

1 Rückenteil und hintere Passe: Die Falten an der oberen Kante des Rückenteils wie markiert einlegen – die Falten zeigen zu den Seiten – und fixieren. Lege die hinteren Passen mit den unteren Schnittkanten auf die obere Schnittkante des Rückenteils: die äußere Passe rechts auf rechts und die innere Passe rechts auf links, das Rückenteil liegt zwischen den beiden hinteren Passen. Nähe die Naht. Bügle die beiden Passen nach oben – alle offenen Schnittkanten der Passen liegen deckungsgleich aufeinander. Steppe die Naht der hinteren Passe schmal ab.

2 Vorder- und Rückenteil: Lege die Schulterschnittkanten des Vorderteils rechts auf rechts auf die Schulterschnittkanten der äußeren Passe und nähe sie fest. Lege die Schulterschnittkanten der inneren Passe rechts auf links auf die Schulterschnittkanten des Vorderteils. Ziehe die Schulterschnittkanten über die offene Halsausschnittkante auf die linke Seite und schließe die Naht. Wende die Passe wieder auf rechts, bügle die Schulternähte und steppe sie schmal ab. Lege die Schnittkanten von äußerer und innerer Passe an den Hals- und Armausschnittkanten links auf links exakt aufeinander und steppe sie fußbreit zusammen. Lege das Vorderteil rechts auf rechts auf das Rückenteil und schließe die Seitennähte, versäubere sie und bügle sie in das Rückenteil.

3 Vordere Kante einbügeln: Fertige eine Pappschablone (60 x 3 cm) an. Lege das Vorderteil (rechte Stoffseite zeigt nach unten) mit der vorderen Schnittkante auf deinen Bügeltisch, lege die Schablone an die Schnittkante. Wende Schablone + Stoff einmal in das Vorderteil und bügle den Stoffbruch der vorderen Kante ein; wende beides dann nochmals in das Vorderteil, und bügle den neuen Bruch wieder ein. Ziehe die Schablone heraus, stecke den Umschlag fest und steppe den inneren Bruch schmalkantig auf das Vorderteil.

4 Saum: Schlage den Blusensaum 1 cm breit und nochmals 1 cm breit nach links ein und steppe den Umbruch schmalkantig auf.

5 Kragen: Bügle die Gewebeeinlage von links auf den äußeren Kragen, den äußeren Kragensteg und die Manschetten.

Lege beide Kragenteile rechts auf rechts und nähe die vorderen Kanten und die obere Kante. Schneide die Nahtzugaben-Spitze an den Kragenecken auf 0,5 cm zurück und wende den Kragen auf rechts. Bügle die genähten Kanten in den Nahtbruch und steppe sie fußbreit ab. Verstürze danach den Kragen mit dem Kragensteg: Lege dafür den äußeren Kragensteg mit der oberen Kante zwischen den Markierungen rechts auf rechts auf die untere Kante des äußeren Kragens, und den inneren Kragensteg genauso rechts auf rechts auf den inneren Kragen, so dass der Kragen zwischen beiden Kragenstegen liegt. Nähe die Kragenstege an den oberen Kanten (inkl. Rundungen) zusammen – der Kragen wird dabei mitgefasst – und schneide die Nahtzugabe auf 0,5 cm zurück. Wende den Kragensteg auf rechts und bügle die Kanten aus. Lege den inneren Kragensteg von rechts auf die linke Seite des Halsausschnittes der Bluse – der Kragensteg schließt mit den vorderen Kanten der Bluse ab – und stecke ihn fest. Nähe die Naht und bügle die Nahtzugaben leicht in den Steg. Stecke den äußeren Kragensteg von rechts mit eingeschlagener Nahtzugabe exakt auf die Ansatznaht des inneren Kragensteges. Steppe den äußeren Kragensteg schmalkantig auf. Steppe ebenfalls die obere Kragenstegkante schmalkantig ab.

6 **Ärmel und Ärmelschlitz:** Schneide den Ärmelschlitz an unterer Ärmelkante laut Markierung ein. Lege den Einfassstreifen für den Ärmelschlitz rechts auf links an die Schnittkante des Ärmelschlitzes. Nähe bei 0,5 cm den Streifen an die Schlitzkante und lasse dabei die Nahtzugabe zum Schlitzende hin auf 0,2 cm auslaufen. Bügle die Nahtzugabe in den Streifen. Lege den Streifen um die Nahtzugabe herum auf die rechte Seite. Stecke den Streifen von rechts mit eingeschlagener Nahtzugabe (0,5 cm) exakt auf die Ansatznaht und steppe ihn schmalkantig auf. Falte die Einfassstreifen um deren Breite auf die linke Ärmelseite um und fixiere sie am unteren Ärmelrand. Lege die Längsschnittkanten des Ärmels rechts auf rechts und schließe die Ärmelnähte. Versäubere die Nahtzugaben und bügle sie nach hinten. Die Falten an der unteren Ärmelkante steckst du zeichengemäß mit Stecknadeln fest.

7 **Manschette:** Lege die Manschette rechts auf rechts zur Hälfte und nähe die Seitenkanten. Wende die Manschette auf die rechte Seite, bügle die genähten Kanten in den Nahtbruch und bügle die untere Bruchkante ein. Lege die innere Manschettenkante von rechts auf die linke Seite der unteren Ärmelkante, stecke sie fest und nähe die Naht. Bügle die Nahtzugabe in die Manschette. Stecke die äußere Manschettenkante von rechts mit eingeschlagener Nahtzugabe exakt auf die Ansatznaht der inneren Manschettenkante und steppe sie schmalkantig auf. Steppe die Seitenkanten und die untere Bruchkante der Manschette fußbreit ab.

7

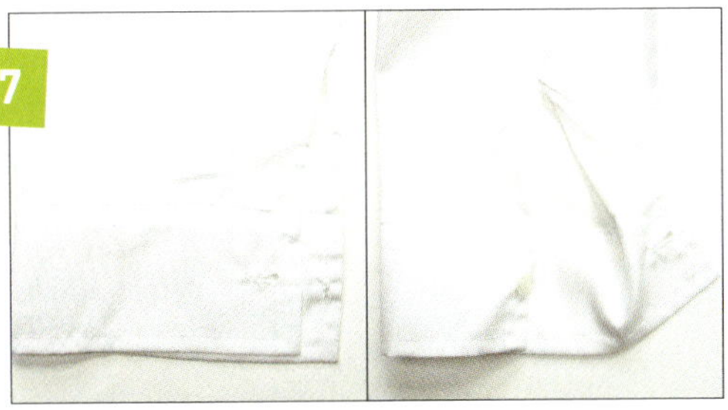

8 **Ärmel einnähen:** Beim Einsetzen des Ärmels in das Armloch musst du immer darauf achten, dass der rechte Ärmel in das rechte Armloch und der linke Ärmel in das linke Armloch genäht wird! Die Ärmelnaht liegt rechts auf rechts genau auf der Seitennaht. Stecke Ärmel und Armloch fest und nähe ihn ein. Versäubere die Nahtzugaben.

9 **Knopflöcher und Knöpfe:** Arbeite die Knopflöcher an den Manschetten, am Kragensteg und an der Knopfleiste des rechten Vorderteils (hier längs einarbeiten) ein. Nähe die Knöpfe an.

Jeans hat Frau nie genug ... ich liebe meine one and only #selbstgenähtejeans, Tom ist perfekt für jeden Look!

Tom

WEITE JEANS-HOSE

Größe **34–44** Schwierigkeit ✂✂✂ Schnittbogen **B**

Hose Tom aus leichtem Jeansstoff sitzt perfekt durch den Gummizug-Bund. Der Schnitt ist bis zur Hüfte körpernah, endet in einem weiten Bein und macht so eine schöne Figur. Tom hat die optimale Form für modische cropped Oberteile – toll zu sehen sind dann auch die aufgesteppten Taschen.

ZUSCHNEIDEPLAN

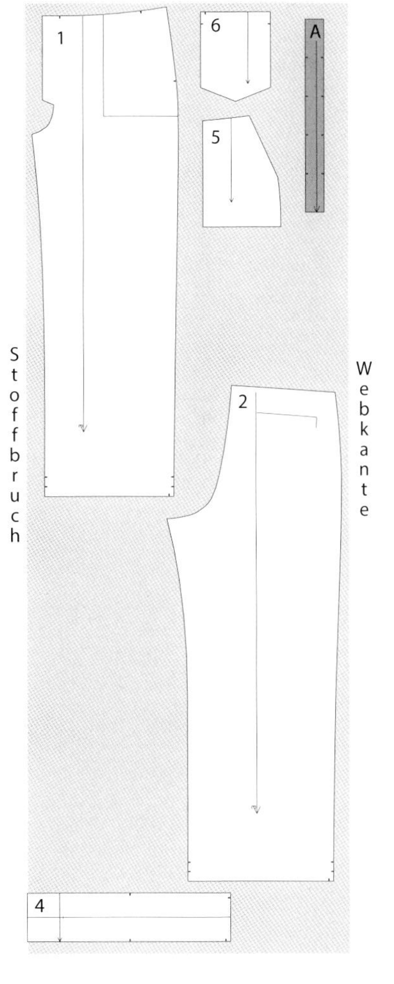

MATERIAL

- Baumwoll-Jeans (97% Baumwolle, 3% Elasthan, 135–140 cm breit), für alle Größen 2,00 m
- Gummiband, weiß, 3 cm breit, 1,00 m
- Baumwollschrägband, blau, 40/20 mm breit, 0,40 m
- Farblich passendes Nähgarn

VORBEREITEN

Die Schnittteile der gewünschten Größe vom Bogen auf Papier kopieren und ausschneiden.

Schnittbogen B in Grau
Größe: **34**
Größe: **36**
Größe: **38**
Größe: **40**
Größe: **42**
Größe: **44**

Schnittteile
- **1** Vorderhose
- **2** Hinterhose
- **5** Tasche
- **6** Gesäßtasche
- **4** Taillenbund

A Streifen für Gürtelschlaufen: 40 x 4 cm (inkl. 1 cm Nahtzugabe)

ZUSCHNEIDEN

Den Stoff in den Bruch legen. Schnittteile laut Zuschneideplan positionieren. Das grau gezeichnete Teil nur in einfacher Stofflage zuschneiden. Als Nahtzugabe am Saum 4 cm, für den angeschnittenen Gesäßtaschenbeleg 2,5 cm und an den restlichen Schnittkanten 1 cm zugeben.

SO WIRD'S GEMACHT

1 **Tasche arbeiten:** Schneide zwei Stücke Baumwollschrägband à 20 cm zu. Lege ein Schrägband mit einer aufgeklappten Seite rechts auf rechts auf die Schnittkante des Tascheneingriffs. Nähe genau in dem gefalzten Bruch des Schrägbandes. Bügle die Nahtzugaben in das Schrägband und steppe von rechts mit etwa 2 mm Abstand zur Naht die Nahtzugaben auf dem Schrägband fest. Lege das Schrägband dann auf die linke Seite der Tasche und bügle die Naht in den Nahtbruch. Steppe das Schrägband bei 2 cm ab Bruchkante knappkantig auf die Tasche und dann nochmals füßchenbreit daneben. Versäubere die vordere und untere Taschenkante und bügle sie 1 cm breit nach innen – die obere und seitliche Taschenkante bleiben offen. Lege die Tasche laut Markierung auf die Vorderhose und steppe sie knapp und füßchenbreit auf. Danach steppe die obere und seitliche Taschenbeutelkante von rechts innerhalb der Nahtzugabe fußbreit auf die Vorderhose.

1

2 **Gesäßtasche arbeiten:** Versäubere die Tasche ringsherum und bügle den angeschnittenen Taschenbeleg nach innen. Steppe den Beleg ab der Schnittkante knapp und füßchenbreit auf die Tasche. Bügle die restlichen Taschenkanten 1 cm nach innen, lege die Tasche laut Markierung auf die Hinterhose und stecke sie fest. Steppe die Tasche knapp und füßchenbreit auf.

2

3 **Vorder- und Hinterhose zusammennähen:** Lege je ein Vorder- und ein Hinterhosenteil rechts auf rechts aufeinander, so dass die Schnittkanten der äußeren Beinkanten deckungsgleich liegen. Diese Strecken stecken, nähen und versäubern. Bügle die Nahtzugaben in die Hinterhose und steppe von rechts die Naht knapp und füßchenbreit ab. Lege die Vorder- und Hinterhose wieder rechts auf rechts und schließe die innere Beinnaht. Versäubere die Nahtzugaben und bügle sie in die Hinterhose.

4 **Schrittnaht schließen:** Stülpe die Hosenbeine rechts auf rechts ineinander. Achte darauf, dass die inneren Hosenbeinnähte deckungsgleich aufeinanderliegen. Stecke und nähe die Schrittnaht. Versäubere die Schrittnaht, inklusive angeschnittenem Fake-Hosenschlitz. Bügle den Hosenschlitz nach rechts und steppe von rechts in 3 cm Breite den Schlitz auf die Vorderhose, lass dabei die Steppnaht am unteren Schlitzende zur Schrittnaht hin gerundet auslaufen.

5 **Saum:** Bügle die Saumschnittkanten 2 cm nach links und nochmals 2 cm nach links. Stecke die obere Saumkante fest und steppe sie knappkantig ab Bruch fest.

6 **Gürtelschlaufen arbeiten:** Lege den Streifen längs rechts auf rechts zur Hälfte und nähe die langen Kanten zusammen. Wende den Streifen mit Hilfe einer Sicherheitsnadel auf rechts. Bügle die Naht in den Nahtbruch und steppe die langen Kanten knapp ab. Schneide den Streifen in fünf gleich lange Stücke und lege die Stücke laut Markierung rechts auf rechts auf die Taillenkante – die Streifen zeigen in die Hose. Steppe sie an der Taillenkante fest.

7 **Taillenbund arbeiten:** Lege den Taillenbund an den kurzen Kanten rechts auf rechts und schließe ihn zum Ring. Bügle die Nahtzugabe auseinander. Lege den Bund an den langen Kanten links auf links und bügle den Bruch ein. Falte den Bund wieder auf und lege eine Schnittkante des Bundes rechts auf links an die Taillenkante der Hose – die Naht im Bund liegt exakt auf der hinteren Schrittnaht. Stecke und nähe den Bund an. Bügle die Nahtzugabe in den Bund und schlage den äußeren Bund mit eingeschlagener Schnittkante knapp auf die Ansatznaht. (Die Gürtelschlaufen liegen dazwischen.) Stecke die Bundkante fest und steppe sie knappkantig ab Bruch auf. Lege die Gürtelschlaufen nach oben und steppe sie mit eingeschlagener Schnittkante knapp auf die obere Bundkante. Trenne auf der Hoseninnenseite die hintere Mittenaht im Bund etwas auf, schneide das Gummiband auf Taillenweite plus 2 cm Zugabe und ziehe das Gummiband mit Hilfe einer Sicherheitsnadel in den Taillenbund. Lege die Gummibandenden 2 cm übereinander und nähe sie zusammen. Verteile die Kräuselungen gleichmäßig und schließe die Öffnung im Bund von Hand. Steppe den Bund an vorderer und hinterer Mitte sowie an den Seitennähten jeweils senkrecht durch; das Gummiband behält so länger seine Form.

Ich bin so stolz auf meine
Schnitt-Idee und happy
mit meinem modischen
#Wrapblazer Carl!)

Carl

REVERSJACKE ZUM BINDEN

Größe **34–44** Schwierigkeit ✂✂✂ Schnittbogen **A**

Blazer Carl ist mein modisch abgewandeltes Basic-Piece! Der klassische schmale Grundschnitt bekommt mit Bindebändern als Verschluss ein neues Gesicht und trägt sich sehr komfortabel durch den Baumwoll-Jersey. Ein Wrap-Blazer mit elegantem Look und vielseitigen Styling-Optionen.

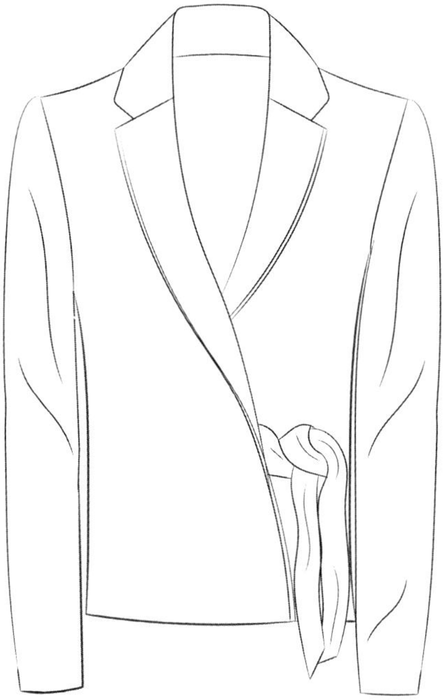

ZUSCHNEIDEPLAN

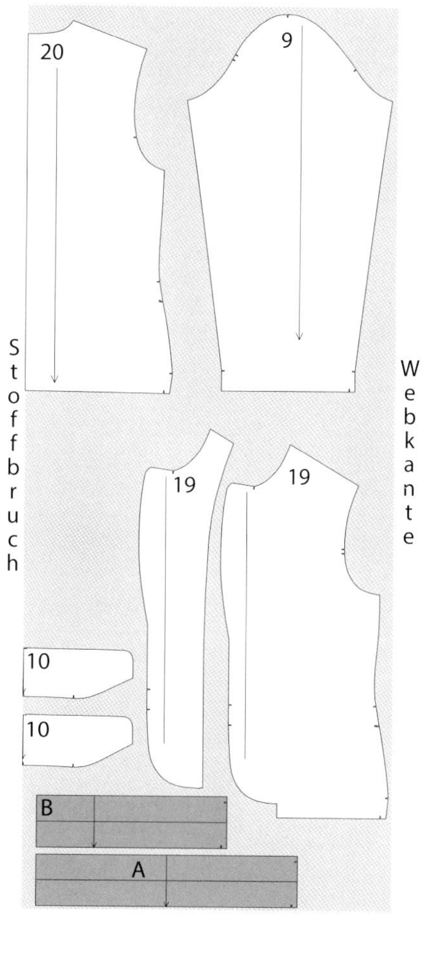

MATERIAL

- Baumwoll-Jacquard-Jersey (95% kbA Bio-Baumwolle, 5% Elasthan, 135 cm breit), 1,40 – 1,40 – 1,60 – 1,60 – 1,60 – 1,60 m
- Baumwollschrägband, farblich passend, 40/20 mm breit, 0,30 m
- Formband in Weiß, 1 cm breit, 1,00 m
- Farblich passendes Nähgarn

VORBEREITEN

Die Schnittteile der gewünschten Größe vom Bogen auf Papier kopieren und ausschneiden. **Bitte beachten:** Den Vorderteil-Beleg aus dem Vorderteil und den Unterkragen aus dem Oberkragen als Extra-Schnittteil kopieren.

Schnittbogen A in Schwarz

Größe: **34** - - - - - - - - - - - - - -

Größe: **36** ——·——·——·—-

Größe: **38** * * * * * * * * * *

Größe: **40** — — — — — — — —

Größe: **42** ////////////////////////

Größe: **44** ———————

Schnittteile

- **19** Vorderteil
- **19** Vorderteil-Beleg
- **20** Rückenteil
- **9** Ärmel
- **10** Oberkragen
- **10** Unterkragen

A Band rechts: 47 x 9 cm (inkl. 1 cm Nahtzugabe)
B Band links: 34 x 9 cm (inkl. 1 cm Nahtzugabe)

ZUSCHNEIDEN

Den Jersey in den Bruch legen. Schnittteile laut Zuschneideplan positionieren. Grau gezeichnete Schnittteile nur in einfacher Stofflage zuschneiden. Als Nahtzugabe am Saum und am Ärmelsaum 3 cm und an den restlichen Schnittkanten 1 cm zugeben.

SO WIRD'S GEMACHT

Wichtig! Beachte die Hinweise zum Nähen von elastischem Stoff auf der hinteren Klappe.

1 Formband aufbügeln: Formband von links jeweils auf die Nahtzugabe der vorderen und hinteren Halsausschnittkante sowie der hinteren Schulterkante bügeln. Formband von rechts auf die Nahtzugabe der vorderen und hinteren Armausschnittkante jeweils 12 cm ab Schulter bügeln, also nur das obere Armloch bekleben.

2 Bänder nähen: Lege die Bänder jeweils an den Längsschnittkanten rechts auf rechts zur Hälfte, stecke die Strecke und nähe die Kanten in leicht gedehntem Zustand zusammen. Dämpfe die Bänder wieder auf die ursprüngliche Länge ein, und wende sie mit Hilfe einer Sicherheitsnadel auf rechts. Bügle die Bänder in den Nahtbruch. Schlage jeweils an einem Ende des Bandes die Nahtzugabe nach innen ein, bügle den Bruch und nähe die Öffnung von Hand mit kleinen Stichen zu.

3 Vorderteil-Beleg an das Vorderteil nähen: Versäubere die innere Längskante des Belegs, bügle die Kante 1 cm nach links und steppe den Umbruch füßchenbreit fest. Lege den Beleg rechts auf rechts an die vordere Kante des Vorderteils. An der markierten Stelle im rechten Vorderteil (vordere Kante) wird das rechte Band rechts auf rechts zwischen Vorderteil und Beleg gelegt und festgesteckt. Stecke die gesamte vordere Kante. Nähe den Beleg – ab dem Markierungspunkt vom Reversansatz bis zur Saumrundung – mit dem Vorderteil zusammen. Schlage den Beleg nach links und bügle die verstürzte Strecke in den Nahtbruch. Stecke danach den Beleg – vom Saum beginnend bis ca. Brustpunkt – auf das Vorderteil. **Tipp:** Lege die Vorderteile zur Kontrolle links auf links aufeinander. Beide Belege müssen den gleichen Linienverlauf haben und die Revers-Ecken die gleiche Länge aufweisen.

4 **Schulter- und Seitennähte schließen:** Lege das linke Band rechts auf rechts auf die markierte Stelle der Seitennaht im linken Vorderteil und stecke es fest. Lege jetzt Vorder- und Rückenteil rechts auf rechts, so dass die Schulter- und Seitenschnittkanten deckungsgleich aufeinanderliegen und stecke und nähe die Kanten zusammen. Versäubere die Nahtzugaben und bügle sie in das Rückenteil.

5 **Saum:** Versäubere die Saumschnittkante und bügle den Saum 3 cm nach links. Steppe den Saum an der äußeren versäuberten Kante knappkantig auf dem Oberteil fest, Anfang und Ende der Naht beginnt und endet bei 1 cm in den Beleg hinein.

6 **Kragen an die Halsausschnittkante nähen:** Lege den Ober- und den Unterkragen rechts auf rechts und nähe die äußeren Kragenkanten zusammen. Wende den Kragen auf rechts und bügle die äußere Kragenkante in den Nahtbruch. Lege die unteren Kragenkanten (links auf links) exakt aufeinander und nähe sie zusammen (der Oberkragen hat nun Mehrweite bzw. Rollweite). Markiere die hinteren Mitten im Kragen und im Rückenteil mit einer Stecknadel. Stecke den Kragen links auf rechts am Halsausschnitt bis zum Reversanfang fest. Nähe die Naht. Lege den Vorderteil-Beleg rechts auf rechts an die vordere Halsausschnittkante, stecke ihn fest und nähe von links auf der sichtbaren Naht den Beleg fest. Schlage dabei die Schulterschnittkante des Belegs 1 cm nach links, so dass sie genau auf der Schulternaht des Oberteils liegt.

6

7 **Halsausschnitt versäubern:** Lege das Baumwoll-Schrägband mit einer aufgefalteten Seite rechts auf rechts an die hintere Halsausschnittkante. Am Anfang und Ende (Schulterpunkt) des hinteren Halsausschnittes liegt die Nahtzugabe vom Band je 1 cm über der Schulternaht. Nähe die Naht in der Bruchkante des Schrägbandes. Lege das Schrägband um die Nahtzugabe herum nach innen und steppe es von rechts im Nahtschatten fest. Bügle die eingefasste Nahtzugabe in das Oberteil und steppe das Schrägband knapp an der Bruchkante auf das Rückenteil.

7

8 **Ärmel:** Lege die Ärmel an den Längsschnittkanten rechts auf rechts aufeinander und schließe die Nähte. Versäubere die Nahtzugaben und bügele sie nach hinten. Versäubere die Ärmelsaumkanten und bügle sie 3 cm nach links. Steppe an der äußeren versäuberten Kante den Ärmelsaum fest.

9 **Ärmel einnähen:** Beachte, dass der rechte Ärmel in das rechte Armloch und der linke Ärmel in das linke Armloch genäht wird! Die Ärmelnaht liegt rechts auf rechts exakt auf der Seitennaht. Stecke und nähe Ärmel und Armloch zusammen. Versäubere die Nahtzugaben.

Mein ganzjähriger Favorit in einer #Basicgarderobe – in vielen Farben und immer einsatzbereit!

Piet

LANGES TOP MIT SEITENSCHLITZEN

Größe **34–44** Schwierigkeit ✂ Schnittbogen **A**

Top Piet ist schlicht gehalten. Mit Trägern in optimaler Breite und lockerer Schnittführung passt es sich jeder Figur perfekt an. Schlitze bilden ein schönes Detail und ermöglichen verschiedene Stylings, wie seitlich geknotet oder lässig mit einer Seite in den Hosenbund gesteckt.

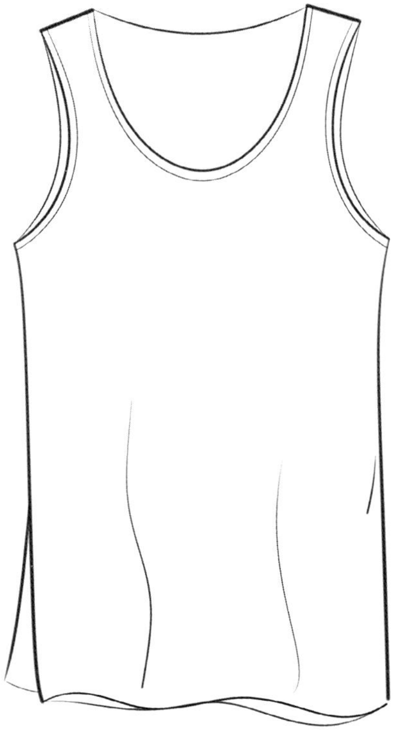

ZUSCHNEIDEPLAN

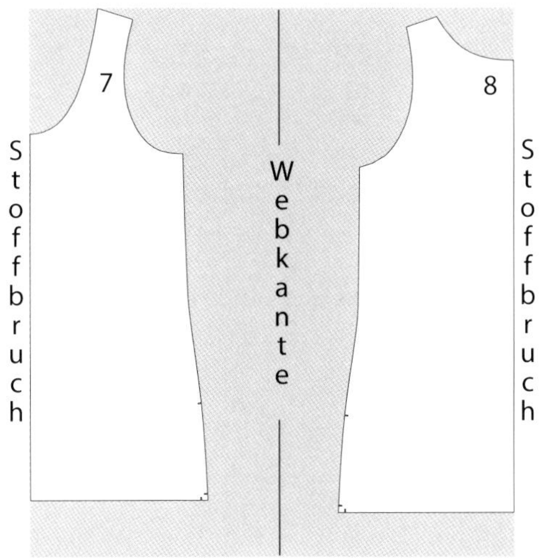

MATERIAL

- Baumwoll-Jersey (95% kbA Bio-Baumwolle, 5% Elasthan, 145 cm breit), für alle Größen 0,80 m
- Farblich passendes Nähgarn

VORBEREITEN

Die Schnittteile der gewünschten Größe vom Bogen auf Papier kopieren und ausschneiden.

Schnittbogen A in Rot
Größe: **34**
Größe: **36**
Größe: **38**
Größe: **40**
Größe: **42**
Größe: **44**

Schnittteile
- **7** Vorderteil
- **8** Rückenteil

ZUSCHNEIDEN

Den Jersey in den Doppelbruch legen. Schnittteile laut Zuschneideplan positionieren. Als Nahtzugabe am Saum 1,5 cm und an den restlichen Schnittkanten 1 cm zugeben.

SO WIRD'S GEMACHT

Wichtig! Beachte die Hinweise zum Nähen von elastischem Stoff auf der hinteren Klappe.

1 **Saum:** Versäubere die Saumschnittkanten von Vorder- und Rückenteil und bügle die Säume 1,5 cm nach links. Steppe die Säume an der äußeren versäuberten Kante knappkantig auf dem Vorder- bzw. Rückenteil fest.

2 **Schulternähte schließen:** Lege die Schulterschnittkanten von Vorder- und Rückenteil rechts auf rechts aufeinander und schließe die Schulternähte. Versäubere die Nahtzugaben und bügle sie in das Rückenteil.

3 **Seitennähte schließen:** Versäubere zuerst alle Seitenschnittkanten. Lege danach die versäuberten Seitenschnittkanten von Vorder- und Rückenteil rechts auf rechts aufeinander und schließe bis zum Markierungspunkt des Schlitzes die Seitennähte. Bügle die Nahtzugaben auseinander, inklusive Schlitz. Stecke die Nahtzugabe des Schlitzes fest und nähe an der äußeren versäuberten Kante von links die Nahtzugaben auf dem Teil fest.
An der oberen Schlitzkante steppst du quer.

3

4 **Hals- und Armausschnitte:** Versäubere die Schnittkanten des Halsausschnitts und beider Armausschnitte. Bügle die Nahtzugaben nach links, achte dabei darauf, dass du die Strecken beim Bügeln nicht ausdehnst. Stecke die Nahtzugaben fest und steppe sie an den äußeren versäuberten Kanten fest.

4

BRIGITTE
BÜGE

Ein Schnitt, #vielestyles!
Ob in knallig oder in dezenten Farben, Shirt Tim ist vielseitig und einfach wundervoll!

Tim

T-SHIRT

Größe **34–44** Schwierigkeit ✂ Schnittbogen **B**

Shirt Tim ist ein weit geschnittenes T-Shirt mit rundem Halsausschnitt und geradem Saum. Das superlässige und schlichte Design ist perfekt für den modernen Look. Ein Allrounder mit vielen Styling-Möglichkeiten ... mein Must-Have-Shirt für alle Fälle!

ZUSCHNEIDEPLAN

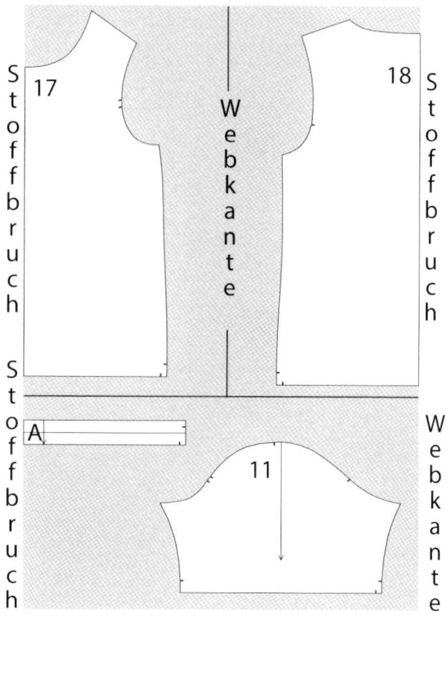

MATERIAL

- Baumwoll-Jacquard-Jersey (95% kbA Bio-Baumwolle, 5% Elasthan, 135 cm breit), für alle Größen 1,00 m
- Farblich passendes Nähgarn

VORBEREITEN

Die Schnittteile der gewünschten Größe vom Bogen auf Papier kopieren und ausschneiden.

Schnittbogen B in Schwarz
Größe: **34** ——————-
Größe: **36** ·····························
Größe: **38** ××××××××××
Größe: **40** – – – – – – – – –
Größe: **42** **********
Größe: **44** ————————

Schnittteile

- **17** Vorderteil
- **18** Rückenteil
- **11** Ärmel

A Halsausschnittblende: 4 cm kürzer als die Länge der Halsausschnittkante, 4 cm breit (inkl. 1 cm Nahtzugabe)

ZUSCHNEIDEN

Den Jersey für Vorder- und Rückenteil in den Doppelbruch legen. Schnittteile laut Zuschneideplan positionieren, dabei beachten, dass das Streifenmuster bei Vorder- und Rückteil auf gleicher Höhe liegt. Für Ärmel und Halsausschnittblende den Jersey in den Bruch legen. Als Nahtzugabe am Saum sowie am Ärmelsaum 2 cm und an den restlichen Schnittkanten 1 cm zugeben.

SO WIRD'S GEMACHT

Wichtig! Beachte die Hinweise zum Nähen von elastischem Stoff auf der hinteren Klappe.

1 **Vorder- und Rückenteil:** Lege das Vorder- und Rückenteil rechts auf rechts aufeinander und schließe bei 1 cm Nahtbreite die Schulter- und Seitennähte. Bei den Seitennähten achte unbedingt darauf, dass die Streifen des Streifenmusters exakt aufeinandertreffen. Am besten steckst du dir da in kurzen Abständen an mehreren Streifenübergängen Stecknadeln. Versäubere danach die Nahtzugaben und bügle sie in das Rückenteil.

2 **Halsausschnittblende:** Lege die Blende an den kurzen Kanten rechts auf rechts, schließe die Naht und bügle die Nahtzugabe auseinander. Bügle die Blende links auf links in den Bruch, die Schnittkanten müssen deckungsgleich aufeinanderliegen. Prüfe, ob du genau im Streifenmuster gebügelt hast. Lege die Blende mit den Schnittkanten rechts auf rechts an den Halsausschnitt.
Die Blendennaht liegt exakt auf einer Schulternaht. Stecke die Strecke und nähe im leicht gedehnten Zustand die Blende an. Versäubere die Nahtzugabe, bügle sie ins Oberteil und steppe sie von rechts füßchenbreit fest.

3 **Ärmel:** Lege die Längsschnittkanten rechts auf rechts aufeinander und schließe die Ärmelnaht. Versäubere die Nahtzugaben und bügle sie nach hinten. Versäubere die Ärmelsaumkanten und bügle den Saum 2 cm nach links. Steppe von links an der äußeren versäuberten Kante die Säume fest.

4 **Ärmel einnähen:** Beachte, dass der rechte Ärmel in das rechte Armloch und der linke Ärmel in das linke Armloch genäht wird! Die Ärmelnaht liegt rechts auf rechts genau auf der Seitennaht. Stecke und nähe Ärmel und Armloch zusammen. Versäubere danach die Nahtzugaben.

5 **Saum:** Versäubere die Saumschnittkante und bügle den Saum 2 cm nach links. Achte darauf, dass du genau im Streifenverlauf den Saum einbügelst. Steppe den Saum von links an der äußeren versäuberten Kante fest.

Die #Vielseitigkeit dieses schlichten Rocks ist grandios! Je nach Styling auch für offiziellere Anlässe geeignet!

Ben

BLEISTIFTROCK

Größe **34–44** Schwierigkeit ✂ Schnittbogen **A**

Rock Ben besticht durch seine Schlichtheit. Der Schnitt ist figurbetont und unterstreicht dezent die weibliche Silhouette. Hohen Tragekomfort bringen Baumwoll-Jersey und ein Gummizug-Bund. Ben ist ein Kombinationswunder, weil er sich zu vielem tragen lässt und dabei stets eine gute Figur macht.

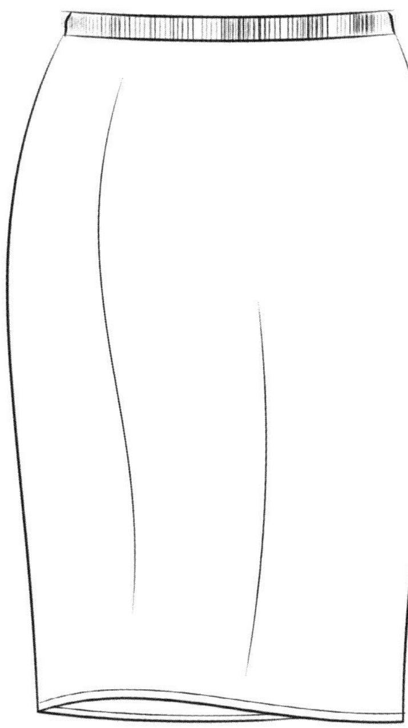

ZUSCHNEIDEPLAN

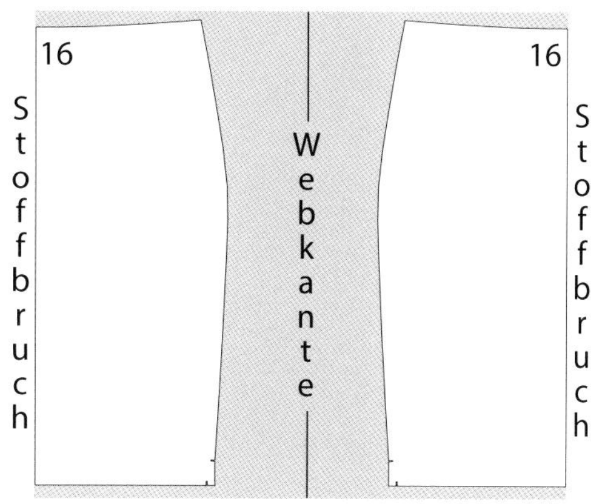

MATERIAL

- Baumwoll-Jacquard-Jersey (95% kbA Bio-Baumwolle, 5% Elasthan, 135 cm breit), für alle Größen 0,60 m
- Gummiband, weiß, 4 cm breit, 1,00 m
- Farblich passendes Nähgarn

VORBEREITEN

Die Schnittteile der gewünschten Größe vom Bogen auf Papier kopieren und ausschneiden.

Schnittbogen A in Rot

Größe: **34**
Größe: **36**
Größe: **38**
Größe: **40**
Größe: **42**
Größe: **44**

Schnittteil

- **16** Vorder- und Hinterrock (2x)

ZUSCHNEIDEN

Den Jersey in den Doppelbruch legen. Schnittteil laut Zuschneideplan positionieren. Als Nahtzugabe am Saum 3 cm und an den restlichen Schnittkanten 1 cm zugeben.

SO WIRD'S GEMACHT

Wichtig! Beachte die Hinweise zum Nähen von elastischem Stoff auf der hinteren Klappe.

1 **Seitennähte schließen:** Lege den Vorder- und Hinterrock rechts auf rechts, schließe die Seitennähte und versäubere die Nahtzugaben. Bügle die Nahtzugaben in den Hinterrock. Versäubere die Taillenschnittkante und die Saumkante.

2 **Saum:** Bügle den Saum bei 3 cm nach links und stecke ihn fest. Steppe den Saum entlang der äußeren versäuberten Kante auf den Rock.

3 **Taillenbund:** Nimm das Gummiband und schneide es auf deine Taillenweite plus 2 cm für die Nahtzugabe. Lege die Gummibandenden rechts auf rechts aufeinander und schließe die Naht bei 1 cm. Bügle die Nahtzugabe auseinander und steppe sie von rechts füßchenbreit fest. Versäubere die Taillenschnittkante. Wende den Rock auf die linke Seite und lege das Gummiband mit der linken Seite auf die rechte Seite der Taillenschnittkante. Gummibandkante und Taillenschnittkante liegen ca. 1 cm überlappend aufeinander; die Naht des Gummibandes liegt auf einer Seitennaht. Stecke jetzt die gesamte Strecke mit Stecknadeln fest und nähe das Gummiband schmal an der Gummibandkante in gedehntem Zustand bei 1 cm unterhalb der Taillenkante auf dem Rock fest. Wende danach das Gummiband nach links und bügle den Umbruch im gedehnten Zustand ein. Jetzt brauchst du nur noch das Gummiband vertikal in vorderer und hinterer Mitte sowie an den Seitennähten auf den Rock zu steppen und fertig ist dein Rock!

Mein persönliches #Lieblingsteil
zum Relaxen für Zuhause.
Im Alltag kombiniere ich die
Hose Per mit Oversized-Pullover!

Per

SCHMALE HOSE

Größe **34–44** Schwierigkeit ✂✂ Schnittbogen **B**

Hose Per hat lange, schmal geschnittene Beine und den Charakter einer Leggings. Sehr praktisch – da zum Reinschlüpfen – und der breite Gummizug-Bund sorgt für einen guten Sitz. Mein Allrounder für entspannte Tage in der Freizeit und für den Sport.

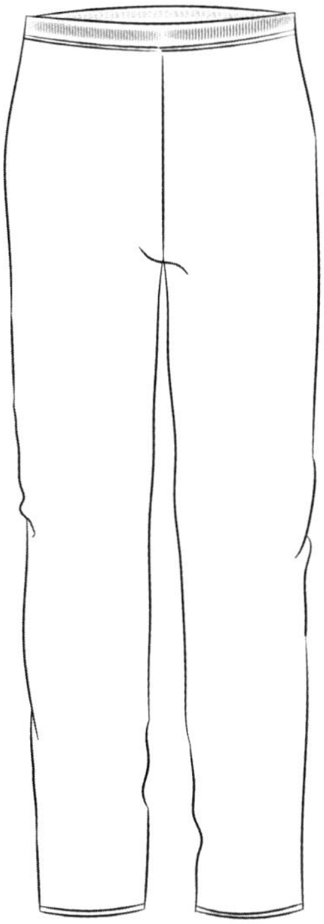

ZUSCHNEIDEPLAN

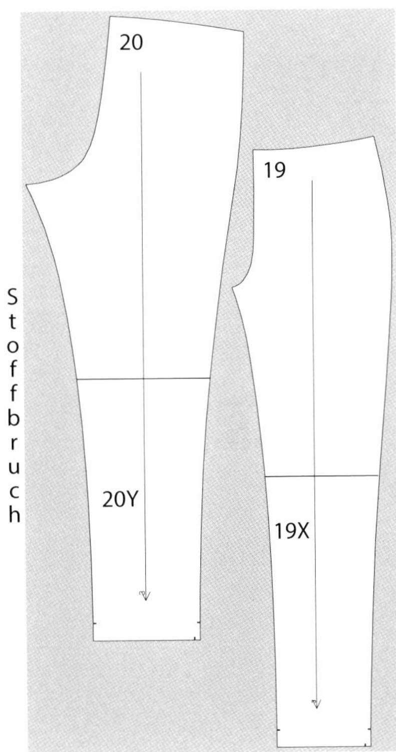

MATERIAL

- Baumwoll-Jacquard-Jersey (95% kbA Bio-Baumwolle, 5% Elasthan, 135 cm breit), 1,10 – 1,20 – 1,30 – 1,40 – 1,50 – 1,60 m
- Gummiband, schwarz, 3 cm breit, 1,00 m
- Farblich passendes Nähgarn

VORBEREITEN

Die Schnittteile der gewünschten Größe vom Bogen auf Papier kopieren und ausschneiden. Die Vorderhose aus den Teilen 19 und 19x, die Hinterhose aus den Teilen 20 und 20y zusammensetzen.

Schnittbogen B in Rot
Größe: **34**
Größe: **36**
Größe: **38**
Größe: **40**
Größe: **42**
Größe: **44**

Schnittteile
- **19+19x** Vorderhose
- **20+20y** Hinterhose

ZUSCHNEIDEN

Den Jersey in den Bruch legen. Schnittteile laut Zuschneideplan positionieren. Als Nahtzugabe am Saum 3 cm und an den restlichen Schnittkanten 1 cm zugeben. Beim Zuschnitt darauf achten, dass in einer Richtung (Muster) zugeschnitten wird.

SO WIRD'S GEMACHT

Wichtig! Beachte die Hinweise zum Nähen von elastischem Stoff auf der hinteren Klappe.

1 **Vorder- und Hinterhose zusammennähen:** Lege je eine Vorder- und eine Hinterhose rechts auf rechts, so dass die Schnittkanten der äußeren Beinnähte sowie die der inneren Beinnähte deckungsgleich aufeinanderliegen. Stecke die Kanten jeweils zusammen. Nähe die Strecken und versäubere die Nahtzugaben. Bügle die Nahtzugaben in die Hinterhose.

2 **Schrittnaht schließen:** Stülpe die Hosenbeine rechts auf rechts ineinander. Achte darauf, dass die inneren Hosenbeinnähte deckungsgleich aufeinanderliegen. Stecke und nähe die Schrittnaht. Versäubere die Nahtzugaben und bügle sie in eine Richtung.

3 **Saum:** Versäubere die Saumschnittkanten. Bügle die Säume 3 cm nach links und steppe sie an der versäuberten Kante knapp auf.

4 **Gummiband für Taillenbund arbeiten:** Schneide das Gummiband auf deine Taillenweite plus 2 cm Nahtzugabe. Lege die Gummibandenden rechts auf rechts aufeinander und schließe die Naht bei 1 cm. Bügle die Nahtzugabe auseinander und steppe sie von rechts füßchenbreit fest. Versäubere danach die Taillenschnittkante. Wende die Hose auf die linke Seite und lege das Gummiband mit der linken Seite auf die rechte versäuberte Taillenschnittkante. Gummibandkante und Taillenschnittkante liegen bei 1 cm überlappend aufeinander. Die Naht vom Gummiband liegt auf einer Beinnaht. Stecke die gesamte Strecke mit Stecknadeln fest. Nähe das Gummiband in gedehntem Zustand schmalkantig auf der Hose fest. Schlage danach das Gummiband nach links und bügle die Stoffkante so, dass das Gummiband von rechts nicht zu sehen ist. Steppe das Gummiband von links entlang der unteren Kante knappkantig in gedehntem Zustand auf die Hose.

4a

4b

Als sportlicher Typ finde ich das Kleid Leo so wundervoll, weil es durch die schwingende Weite dezent #mädchenhaft ist!

Leo

KLEID

Größe **34–44** Schwierigkeit Schnittbogen **B**

Kleid Leo mit der femininen Schnittführung gehört definitiv zu meinen Lieblingsteilen und ist ein fester Bestandteil meiner Basic-Garderobe. Das Oberteil hat eine enge Passform, der angesetzte Rock ist weit-schwingend.
Leo ist bestens geeignet, Problemzonen unterhalb der Taille zu überspielen.

ZUSCHNEIDEPLÄNE

Baumwoll-Jersey Oberteil

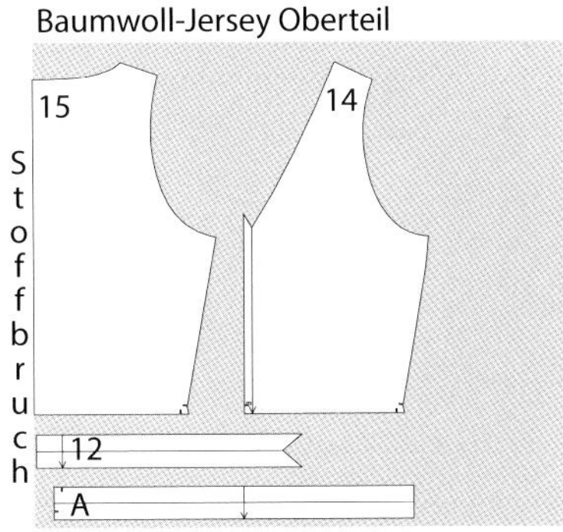

Baumwoll-Jersey Rock

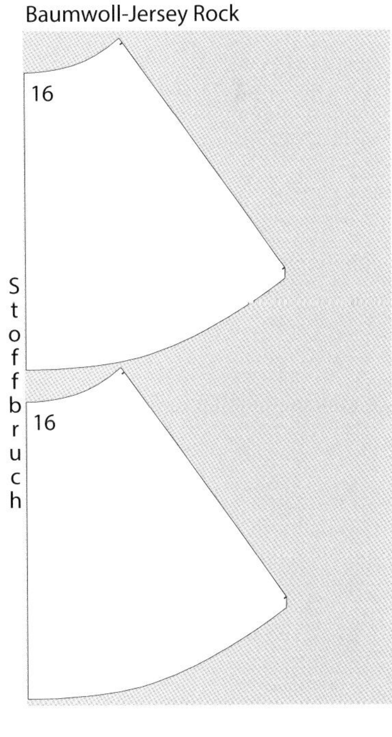

MATERIAL

- Baumwoll-Jacquard-Jersey für Oberteil (95% kbA Bio-Baumwolle, 5% Elasthan, 135 cm breit), für alle Größen 0,60 m
- Baumwoll-Jacquard-Jersey für Rock (95% kbA Bio-Baumwolle, 5% Elasthan, 135 cm breit), für alle Größen 1,20 m
- Farblich passendes Nähgarn

VORBEREITEN

Die Schnittteile der gewünschten Größe vom Bogen auf Papier kopieren und ausschneiden.

Schnittbogen B in Schwarz
Größe: **34**
Größe: **36**
Größe: **38**
Größe: **40**
Größe: **42**
Größe: **44**

Schnittteile
- **14** Vorderteil
- **15** Rückenteil
- **16** Vorder- und Hinterrock (2x)
- **12** Halsausschnittblende

A Armausschnittblende: 3 cm kürzer als Armausschnittkante, 4 cm breit (inkl. 1 cm Nahtzugabe)

ZUSCHNEIDEN

Die Stoffe jeweils in den Bruch legen. Schnittteile laut Zuschneideplan positionieren, dabei beachten, dass das Streifenmuster bei Vorder- und Rückteil auf gleicher Höhe liegt. Als Nahtzugabe am Rocksaum 2 cm und an den restlichen Schnittkanten 1 cm zugeben.

SO WIRD'S GEMACHT

Wichtig! Beachte die Hinweise zum Nähen von elastischem Stoff auf der hinteren Klappe.

1 **Rock:** Lege Vorder- und Hinterrock rechts auf rechts, stecke und schließe die Seitennähte und versäubere die Nahtzugaben. Bügle sie in den Hinterrock. Versäubere die Saumschnittkante und bügle den Saum 2 cm nach links. Nähe den Umbruch an der äußeren versäuberten Kante fest.

2 **Oberteil:** Lege Vorder- und Rückenteil rechts auf rechts aufeinander. Schließe Schulter- und Seitennähte, versäubere die Nahtzugaben und bügle sie in das Rückenteil. Bei den Seitennähten achte unbedingt darauf, dass die Streifen des Streifenmusters exakt aufeinandertreffen. Am besten steckst du dir da in kurzen Abständen an mehreren Streifenübergängen Stecknadeln.

3 **Hals- und Armausschnittblenden:** Lege die Armausschnittblenden jeweils an den kurzen Kanten rechts auf rechts, schließe sie zum Ring und bügle die Nahtzugaben auseinander. Bügle die Hals- und Armausschnittblenden jeweils links auf links in den Bruch, sodass die Schnittkanten exakt aufeinanderliegen. Stecke die Halsausschnittblende leicht gedehnt rechts auf rechts mit den Schnittkanten an die Schnittkante des Halsausschnittes. Nähe die Strecke und versäubere die Schnittkanten. Schlage die Nahtzugabe nach links und steppe die Nahtzugabe des Halsausschnittes von rechts fußbreit fest. Nähe die Armausschnittblenden genauso. Achte dabei darauf, dass die Naht der Armausschnittblende deckungsgleich auf der Seitennaht liegt.

3

4 **Vordere Mitte im Vorderteil schließen:** Versäubere die beiden Schnittkanten der vorderen Mitte, lege die beiden Vorderteile rechts auf rechts und schließe die Naht. Prüfe, ob die Halsausschnittblende und die fußbreite Absteppung punktgleich in der vorderen Mitte aufeinandertreffen. Achte ebenfalls wieder auf das Muster im Vorderteil, es muss ein fortlaufender Streifenverlauf sein. Bügle die Nahtzugabe auseinander und nähe mit der Hand rechts und links am Ausschnitt in der vorderen Mitte die Nahtzugaben fest.

5 **Oberteil und Rock zusammennähen:** Lege die Taillenschnittkanten von Oberteil und Rock rechts auf rechts aufeinander und stecke die Kanten zusammen. Die Seitennähte von Rock und Oberteil liegen deckungsgleich und die Nahtzugaben zeigen in eine Richtung. Nähe die Strecke und versäubere die Nahtzugabe. Bügle die Nahtzugabe ins Oberteil.

Mein #Allrounder,
wenn ich mal nicht weiß,
was ich anziehen soll.
In diesem Pulli fühle ich
mich immer super wohl!

Jan

PULLI MIT V-AUSSCHNITT

Größe **34–44** Schwierigkeit ✂✂ Schnittbogen **A**

Sweater Jan ist mein Wohlfühl-Pulli. Der luftig-lockere Sitz mit der überschnittenen Schulternaht, dem halsfernen V-Ausschnitt und den Ärmelbündchen ergibt einen wunderbar sportlichen Look. Jan ist anpassungsfähig und einsatzbereit für jedes Alltags-Outfit.

ZUSCHNEIDEPLAN

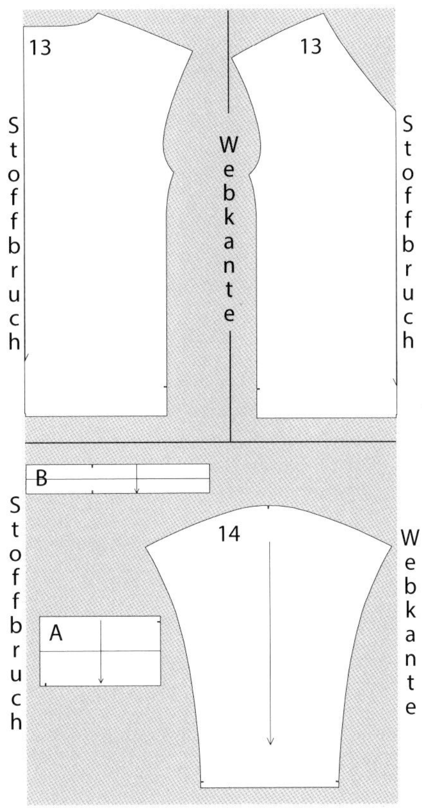

MATERIAL

- Baumwoll-Jacquard-Jersey (95% kbA Bio-Baumwolle, 5% Elasthan, 135 cm breit), für alle Größen 1,40 m
- Farblich passendes Nähgarn

VORBEREITEN

Die Schnittteile der gewünschten Größe vom Bogen auf Papier kopieren und ausschneiden. Das Vorderteil aus dem Rückenteil als Extra-Schnittteil kopieren.

Schnittbogen A in Rot
Größe: **34**
Größe: **36**
Größe: **38**
Größe: **40**
Größe: **42**
Größe: **44**

Schnittteile
- **13** Rückenteil
- **13** Vorderteil
- **14** Ärmel

A Ärmelbund: 3 cm kürzer als die Länge der Ärmelsaumkante, 12 cm breit (inkl. 1 cm Nahtzugabe)
B Halsausschnittblende: 6 cm kürzer als die Länge der Halsausschnittkante, 4 cm breit (inkl. 1 cm Nahtzugabe)

ZUSCHNEIDEN

Den Jersey für Vorder- und Rückenteil in den Doppelbruch legen. Schnittteile laut Zuschneideplan positionieren, dabei beachten, dass das Streifenmuster bei Vorder- und Rückenteil auf gleicher Höhe liegt. Für den Ärmel, die Ärmelbündchen und die Halsausschnittblende den Jersey in den Bruch legen. Als Nahtzugabe am Saum 2 cm und an den restlichen Schnittkanten 1 cm zugeben.

SO WIRD'S GEMACHT

Wichtig! Beachte die Hinweise zum Nähen von elastischem Stoff auf der hinteren Klappe.

1 **Vorder- und Rückenteil mit offen eingesetzten Ärmeln:** Lege das Vorder- und das Rückenteil rechts auf rechts aufeinander und schließe die Schulternähte. Versäubere die Nahtzugaben und bügle sie in das Rückenteil. Lege danach jeweils den Ärmel mit der Armlochschnittkante rechts auf rechts auf die Armlochkanten von Vorder- und Rückenteil. Stecke und nähe die Kanten zusammen. Versäubere die Nahtzugaben und bügle sie in das Oberteil.

2 **Halsausschnittblende:** Bügle die Blende links auf links in den Bruch, die Schnittkanten müssen deckungsgleich aufeinanderliegen. Achte dabei darauf, dass der Streifenverlauf vom Stoff genau an der Bruchkante liegt. Lege die Blende mit den Schnittkanten rechts auf rechts an die Schnittkante des Halsausschnitts, beginne in der vorderen Mitte an der linken Ausschnittkante. Stecke die Strecke fest. In der vorderen Mitte liegt das Ende der Blende über dem Anfang der Blende.

2a

2b

Nähe die Naht und schneide die Nahtzugabe am Vorderteil zur Spitze ein. Versäubere die Nahtzugabe, bügle sie in das Oberteil und steppe sie von rechts füßchenbreit fest.

3 Ärmel- und Seitennaht schließen: Lege Vorder- und Rückenteil rechts auf rechts aufeinander, die Ärmel längs zur Hälfte und stecke die Kanten. Bei den Seitennähten achte unbedingt darauf, dass die Streifen des Streifenmusters exakt aufeinandertreffen. Am besten steckst du dir da in kurzen Abständen an mehreren Streifenübergängen Stecknadeln. Schließe die Nähte, versäubere die Nahtzugaben und bügle sie nach hinten.

4 Saum: Versäubere die Saumschnittkante und bügle sie bei 2 cm nach links. Steppe den Saum von links an der äußeren versäuberten Kante fest.

5 Ärmelbündchen: Lege das Ärmelbündchen jeweils an den kurzen Kanten rechts auf rechts, schließe die Naht und bügle die Nahtzugabe auseinander. Lege die Bündchenschnittkanten links auf links deckungsgleich aufeinander und bügle den Bruch. Stecke das Bündchen mit den offenen Kanten rechts auf rechts an die Ärmelsaumkante und nähe es leicht gedehnt fest. Versäubere die Nahtzugaben und bügle sie in den Ärmel.

Die bauchfreie Zone lässt sich durch Kombination mit einer längeren Jacke oder zur #highwaist Hose gut variieren. Top Fill ist mein topmodisches Lieblingsteil!

Fill

KURZES TOP

Größe **34–44** Schwierigkeit ✂ Schnittbogen **A**

Cropped Top Fill, in modisch verkürzter Länge und mit etwas weiterem Rundhalsausschnitt, ist mein Basic Highlight für die wärmere Jahreszeit. Solo getragen bieten sich viele Kombinationsmöglichkeiten. Alternativ eignet es sich auch als gemütliches Unterzieh-Top!

ZUSCHNEIDEPLAN

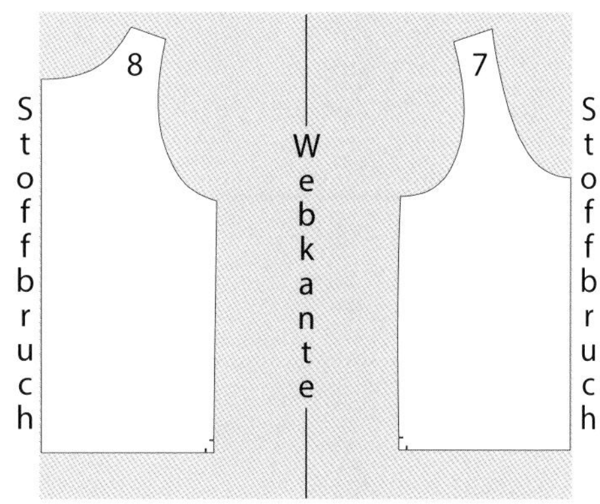

MATERIAL

- Baumwoll-Jacquard-Jersey (95% kbA Bio-Baumwolle, 5% Elasthan, 135 cm breit), für alle Größen 0,60 m
- Farblich passendes Nähgarn

VORBEREITEN

Die Schnittteile der gewünschten Größe vom Bogen auf Papier kopieren und ausschneiden.

Schnittbogen A in Rot
Größe: **34** – – – – – –
Größe: **36** ··············
Größe: **38** × × × × × × × × × ×
Größe: **40** – – – – – – – – –
Größe: **42** * * * * * * * * * *
Größe: **44** ————

Schnittteile
- **7** Vorderteil
- **8** Rückenteil

ZUSCHNEIDEN

Den Jersey in den Doppelbruch legen. Schnittteile laut Zuschneideplan positionieren. Als Nahtzugabe am Saum 1,5 cm und an den restlichen Schnittkanten 1 cm zugeben.

SO WIRD'S GEMACHT

Wichtig! Beachte die Hinweise zum Nähen von elastischem Stoff auf der hinteren Klappe.

1 **Schulter- und Seitennähte schließen:** Lege Vorder- und Rückenteil rechts auf rechts aufeinander und schließe die Schulter- und Seitennähte. Versäubere alle Nahtzugaben und bügle sie in das Rückenteil.

2 **Saum:** Versäubere die Saumschnittkante und bügle sie bei 1,5 cm nach links. Stecke den eingebügelten Saum fest und steppe den Umbruch an der äußeren versäuberten Kante fest.

3 **Hals- und Armausschnitt:** Versäubere die Schnittkanten des Halsausschnitts und beider Armausschnitte. Bügle die Nahtzugaben nach links, achte dabei darauf, dass du die Strecken beim Bügeln nicht ausdehnst. Stecke die Nahtzugaben fest und steppe sie an den äußeren versäuberten Kanten fest.

Meine Flower Power #Lieblingshose
Finn ist ein Gute-Laune-Garant
und ein absoluter Hingucker!

Finn

WEITE HOSE

Größe **34–44** Schwierigkeit ✂✂✂ Schnittbogen **B**

Hose Finn hat gerade geschnittene Beine in modischer 7/8 Länge.
Die Eingrifftaschen sorgen für einen lässigen Look und der gute Sitz
wird durch den komfortablen Gummizug-Bund gewährleistet.
Aus leichtem Baumwoll-Jersey genäht, fügt sie sich in den eigenen Style ein.

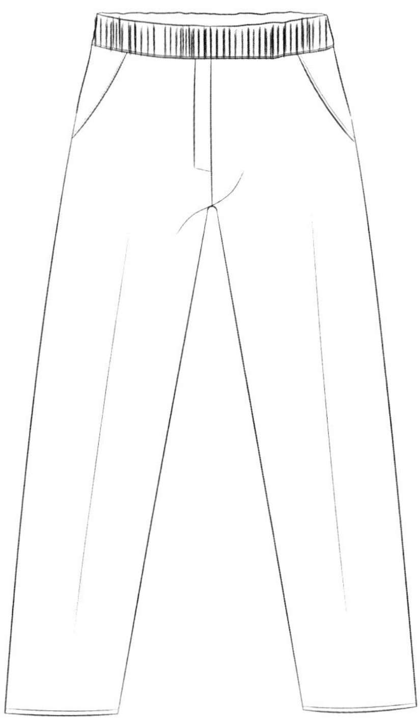

ZUSCHNEIDEPLAN

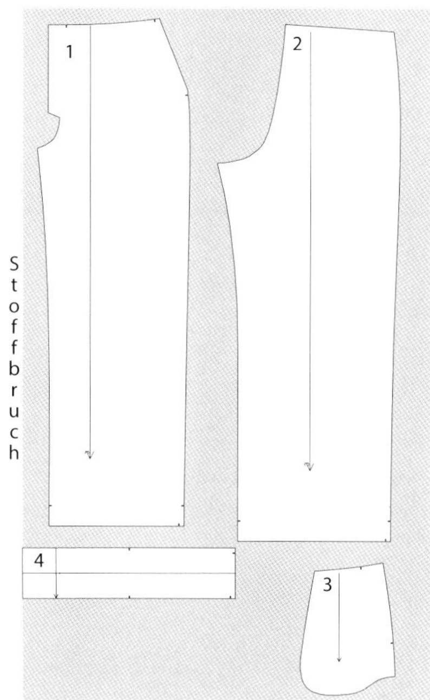

MATERIAL

- Baumwoll-Jersey bedruckt (95% kbA Bio-Baumwolle, 5% Elasthan, 165/170 cm breit), für alle Größen 1,40 m
- Baumwollschrägband, farblich passend, 40/20 mm breit, 0,45 m
- Gummiband, schwarz, 3 cm breit, 1,00 m
- Farblich passendes Nähgarn

VORBEREITEN

Die Schnittteile der gewünschten Größe vom Bogen auf Papier kopieren und ausschneiden.

Schnittbogen B in Grau
Größe: **34**
Größe: **36**
Größe: **38**
Größe: **40**
Größe: **42**
Größe: **44**

Schnittteile
- **1** Vorderhose
- **2** Hinterhose
- **3** Taschenbeutel mit Hüftteil
- **4** Taillenbund

ZUSCHNEIDEN

Den Jersey in den Bruch legen. Die Schnittteile laut Zuschneideplan positionieren. Als Nahtzugabe am Saum 4 cm und an den restlichen Schnittkanten 1 cm zugeben. Darauf achten, dass in einer Muster-Richtung zugeschnitten wird.

SO WIRD'S GEMACHT

Wichtig! Beachte die Hinweise zum Nähen von elastischem Stoff auf der hinteren Klappe.

1 Eingrifftasche arbeiten: Schneide zwei Stücke Baumwollschrägband à 20 cm zu. Lege ein Schrägband mit einer aufgeklappten Seite rechts auf rechts auf die Schnittkante des Tascheneingriffs. Nähe genau in dem gefalzten Bruch des Schrägbandes. Bügle die Nahtzugaben in das Schrägband und steppe von rechts mit etwa 2 mm Abstand zur Naht die Nahtzugaben auf dem Schrägband fest. Lege das Schrägband nach innen und bügle es in den Nahtbruch. Steppe das Schrägband in 2 cm Breite an der Bruchkante knapp auf die Vorderhose.

1a

Versäubere die Taschenbeutelrundung. Lege den Taschenbeutel mit Hüftteil laut Markierung rechts auf links unter die Vorderhose, so dass die Schnittkanten an der Taillenkante und an der Seitennaht deckungsgleich aufeinanderliegen. Stecke die Taschenbeutelrundung auf die Vorderhose und steppe von links den Taschenbeutel knapp und füßchenbreit auf. Steppe die oberen und seitlichen Taschenbeutelkanten von rechts fußbreit auf die Vorderhose.

1b

2 Vorder- und Hinterhose zusammennähen: Lege je ein Vorder- und ein Hinterhosenteil rechts auf rechts aufeinander, sodass die Schnittkanten der äußeren Beinkanten deckungsgleich liegen. Diese Strecken stecken, nähen und versäubern. Bügle die Nahtzugaben in die Hinterhose und steppe von rechts die Naht knapp und füßchenbreit ab. Lege die Vorder- und Hinterhose wieder rechts auf rechts und schließe die innere Beinnaht. Versäubere die Nahtzugaben und bügle sie in die Hinterhose.

3 Schrittnaht schließen: Stülpe die Hosenbeine rechts auf rechts ineinander. Achte darauf, dass die inneren Hosenbeinnähte deckungsgleich aufeinanderliegen. Stecke und nähe die Schrittnaht. Versäubere die Schrittnaht, inklusive angeschnittenem Fake-Hosenschlitz. Bügle den Hosenschlitz nach rechts und steppe von rechts in 3 cm Breite den Schlitz auf die Vorderhose, lass dabei die Steppnaht am unteren Schlitzende zur Schrittnaht hin gerundet auslaufen.

4 Saum: Versäubere die Saumschnittkanten. Bügle die Säume 4 cm nach links und steppe sie an der versäuberten Kante knapp auf.

5 Taillenbund arbeiten: Lege den Taillenbund an den kurzen Kanten rechts auf rechts und schließe die hintere Mitte. Bügle die Nahtzugabe auseinander. Lege den Bund an den langen Kanten links auf links und steppe die Schnittkanten füßchenbreit zusammen. Lege den Bund von rechts an die Taillenkante der Hose, die Naht im Bund liegt exakt auf der hinteren Schrittnaht. Stecke die gesamte Strecke fest. Nähe den Bund an, versäubere die Nahtzugaben und bügle sie in die Hose. Steppe die Naht von rechts füßchenbreit ab. Trenne auf der Hoseninnenseite die hintere Mittenaht im Bund etwas auf, schneide das Gummiband auf Taillenweite plus 2 cm Nahtzugabe und ziehe das Gummiband mit Hilfe einer Sicherheitsnadel in den Taillenbund. Lege die Gummibandenden 2 cm übereinander und nähe sie zusammen. Verteile die Kräuselungen gleichmäßig und schließe die Öffnung im Bund von Hand. Steppe den Bund an vorderer und hinterer Mitte sowie an den Seitennähten jeweils senkrecht durch; das Gummiband behält so länger seine Form.

IMPRESSUM

Autorin: Celina Löbbecke
Anleitungstexte und Modellerstellung: Brigitte Büge
Fotografie: Lukas Goldschmidt
Detailfotos und technische Zeichnungen: Brigitte Büge
Redaktion und Produktmanagement: Theresa Peter
Lektorat: A. Reuß
Layout: Elke Mader
Umschlaggestaltung: Leeloo Molnár
Repro: Ludwig:media, Zell am See
Herstellung: Bettina Schippel, Stephanie Schlemmer
Printed in Slovenia by Florjancic

★★★★★

Sind Sie mit diesem Titel zufrieden? Dann würden wir uns über Ihre Weiterempfehlung freuen. Erzählen Sie es im Freundeskreis, berichten Sie Ihrem Buchhändler oder bewerten Sie bei Onlinekauf. Und wenn Sie Kritik, Korrekturen oder Aktualisierungen haben, freuen wir uns über Ihre Nachricht an Christophorus Verlag, Postfach 40 02 09, D-80702 München oder per E-Mail an lektorat@verlagshaus.de.

Unser komplettes Programm finden Sie unter

www.christophorus-verlag.de

Autorin und Verlag haben alle Angaben und Anleitungen mit größtmöglicher Sorgfalt zusammengestellt. Dennoch kann bei Fehlern keinerlei Haftung für direkte oder indirekte Folgen übernommen werden. Stoffe, Materialien und Modelle können von den jeweiligen Originalen abweichen. Die bildliche Darstellung ist unverbindlich.

Sollte dieses Werk Links auf Webseiten Dritter enthalten, so machen wir uns die Inhalte nicht zu eigen und übernehmen für die Inhalte keine Haftung.

Herstellerverzeichnis:
Maute + Renz Textil GmbH – Albstoffe,
www.mr-creation.de
Die Stoffe für die Jeanshose (Tom) und die weiße Bluse (Sam) sind online über www.brigitte-buege.com bestellbar.

Die Deutsche Nationalbibliothek verzeichnet diese Publikation in der Deutschen Nationalbibliografie; detaillierte bibliografische Daten sind im Internet über http://dnb.d-nb.de abrufbar.

ISBN 978-3-8410-6597-1

Kreativ-Service

Sie haben Fragen zu den Büchern und Materialien? Frau Erika Noll ist für Sie da und berät Sie rund um alle Kreativthemen. Rufen Sie an! Wir interessieren uns auch für Ihre eigenen Ideen und Anregungen.
Sie erreichen Frau Noll per E-Mail: **mail@kreativ-service.info** oder
Tel.: **+49 (0) 5052 / 91 18 58**

Besuchen Sie uns im Internet: www.christophorus-verlag.de

In gleicher Reihe erscheint ...

ISBN: 978-3-8410-6598-8

www.christophorus-verlag.de

Zur Verarbeitung

GRUNDAUSSTATTUNG

Folgende Dinge werden generell benötigt und sind in den Anleitungen nicht noch einmal gesondert aufgeführt:

- Nähmaschine
- Maßband & Lineal
- Schnittmusterpapier/-folie und Stift
- Schneiderkreide, Markierstifte
- Schneiderschere und kleine Handarbeitsschere
- Steck-, Näh- und Sicherheitsnadeln
- Bügeleisen und Bügeltuch

MASSNEHMEN

Um die richtige Größe zu ermitteln, ist genaues Maßnehmen erforderlich. Brustumfang und Hüftweite misst du jeweils über der stärksten Stelle. Die Taillenweite nicht zu eng um die Taille messen. Vergleiche die gemessenen Maße mit den Angaben in der Maßtabelle und wähle die passende Größe. Nicht den Schnitt ausmessen, denn dieser enthält bereits die erforderliche Weiten-Zugabe. Die Schnitte beinhalten keine Nahtzugabe!

Maßtabelle
Normale Größen für Damen-Oberbekleidung

Bezeichnung/ Größe	34	36	38	40	42	44
Brustumfang	80	84	88	92	96	100
Taillenumfang	65	68	72	76	80	84
Hüftumfang	90	94	98	102	106	110

STOFF

Die Stoffmengen und Zuschneidepläne beziehen sich auf die Originalstoffe. Solltest du Stoff mit anderer Stoffbreite wählen, verändern sich Menge und Zuschnitt. Jeden Stoff vor dem Zuschnitt waschen und bügeln.

SCHNITTTEILE

In der Anleitung ist angegeben, auf welchem Arbeitsbogen die Schnittteile zu finden sind, sowie die Linienfarbe z. B. **Schnittbogen A in Schwarz**. Jedes Schnittteil hat eine spezifische Schnittteilnummer z. B. **1** Vorderteil. An der unteren und oberen Längsseite des Bogens befindet sich je ein Balken mit Zahlen. Diese Zahlen entsprechen den Schnittteilnummern. Fährt man nun rechtwinklig von der Zahl nach oben bzw. unten in den Schnittbogen hinein, stößt man auf die gleiche Zahl. Diese liegt an der Kontur des entsprechenden Schnittteils. Die verschiedenen Konfektionsgrößen sind mit unterschiedlichen Linien gezeichnet.
Die Linie wählen, die der ermittelten Größe entspricht. Schnittteil(e) auf Schnittmusterpapier/-folie durchpausen und ausschneiden.
Wichtig: Alle Schnitt-Markierungen übertragen. Die Bruchlinie kennzeichnet die Mitte eines Schnittteils. Manche Teile werden »im Bruch« zugeschnitten. Durch das Anlegen an den Stoffbruch wird beim Zuschneiden die zweite Hälfte des Teils ergänzt. An der Bruchlinie ist keine Naht! Der Zuschneideplan zeigt, wie die Schnittteile auf den Stoff gelegt werden. **Teile in doppelter Stofflage sind weiß gefärbt, Teile in einfacher Stofflage sind dunkelgrau gefärbt.**